Idealização e coordenação:
Natália Maccari

Anjo da Guarda

CB023323

Paulinas

Dados Internacionais de Catalogação na Publicação (CIP)
(Câmara Brasileira do Livro, SP, Brasil)

Maccari, Natália

Anjo da guarda / idealização e coordenação Natália Maccari ;
[ilustrações Jóta e Sanny]. – 8. ed. – São Paulo : Paulinas, 2014. –
(Coleção raio de luz)

ISBN 978-85-356-3689-5

1. Anjos da guarda - Literatura infantojuvenil   I. Jóta
II. Sanny   III. Brazão, Suely Mendes   IV.Título.   V. Série.

13-13684   CDD-028.5

Índices para catálogo sistemático:

1. Anjos da guarda : Literatura infantil   028.5
2. Anjos da guarda : Literatura infantojuvenil   028.5

8ª edição – 2014
5ª reimpressão – 2024

Revisado conforme a nova ortografia.

Redação: Suely Mendes Brazão
Direção de arte: Irma Cipriani
Revisão de texto: Mônica Guimarães Reis
Ilustrações: Jóta e Sany
Editoração: Reginaldo Barcellos Cunha

Cadastre-se e receba nossas informações
paulinas.com.br
Telemarketing e SAC: 0800-7010081

Paulinas
Rua Dona Inácia Uchoa, 62
04110-020 – São Paulo – SP (Brasil)
📞 (11) 2125-3500
✉ editora@paulinas.com.br
© Pia Sociedade Filhas de São Paulo – São Paulo, 1998

Os anjos, mensageiros de Deus

Desde bem pequenino, você deve ter ouvido falar nos anjos.

"Durma com os anjos" ou "Que o anjo da guarda o proteja" são expressões que todos nós ouvimos desde crianças.

Os anjos são criaturas do céu que "trabalham" como mensageiros entre Deus e os homens.

Além dos anjos, existem também os arcanjos, que são anjos de ordem superior, isto é, no céu, os arcanjos estão acima dos anjos.

■ Anjo da guarda: uma missão especial

E os anjos da guarda? Quem são eles? Eles são diferentes dos outros anjos?

Sim, eles também são anjos, só que têm uma missão especial: os anjos da guarda tomam conta de todas as pessoas, afastando-as do mal e conduzindo-as ao bem.

Todos nós temos um anjo da guarda, também chamado de anjo custódio (a palavra "custódio" significa "aquele que toma conta"), que está conosco desde o nascimento. Ele nos acompanha durante toda a nossa vida.

Você, é claro, também tem o seu anjo da guarda. Por isso, procure aprender bem a sua oração.

Responda às seguintes questões:

a) O que é um anjo?

_____

_____

_____

_____

b) O que fazem os anjos?

_____

_____

_____

_____

c) Qual é a missão dos anjos da guarda?

_____

_____

_____

_____

_____

■ Santo anjo do Senhor,

Essa é a frase inicial da oração ao anjo da guarda. Ao dizê-la, você está chamando o seu anjo. Certamente ele irá ouvi-lo, pois está sempre por perto, embora você não possa vê-lo.

Ligue os pontos e descubra quem está a seu lado.

7

meu zeloso guardador,

Como dissemos, os anjos da guarda "guardam" as pessoas, protegendo-as contra males e perigos. "Zeloso" quer dizer cuidadoso. O anjo da guarda cuida de você com carinho e atenção.

Vamos preencher o diagrama com o nome das figuras abaixo.

■ se a ti me confiou a piedade divina,

Você está aqui "conversando" com seu anjo da guarda. Depois de "chamá-lo", no início da oração, você diz ao anjo que, "se Deus deu a ele a missão de tomar conta de você", então ele deverá fazer aquilo que você vai lhe pedir em seguida.

Associe os desenhos que aparecem na coluna da esquerda com as palavras a eles correspondentes na coluna da direita.

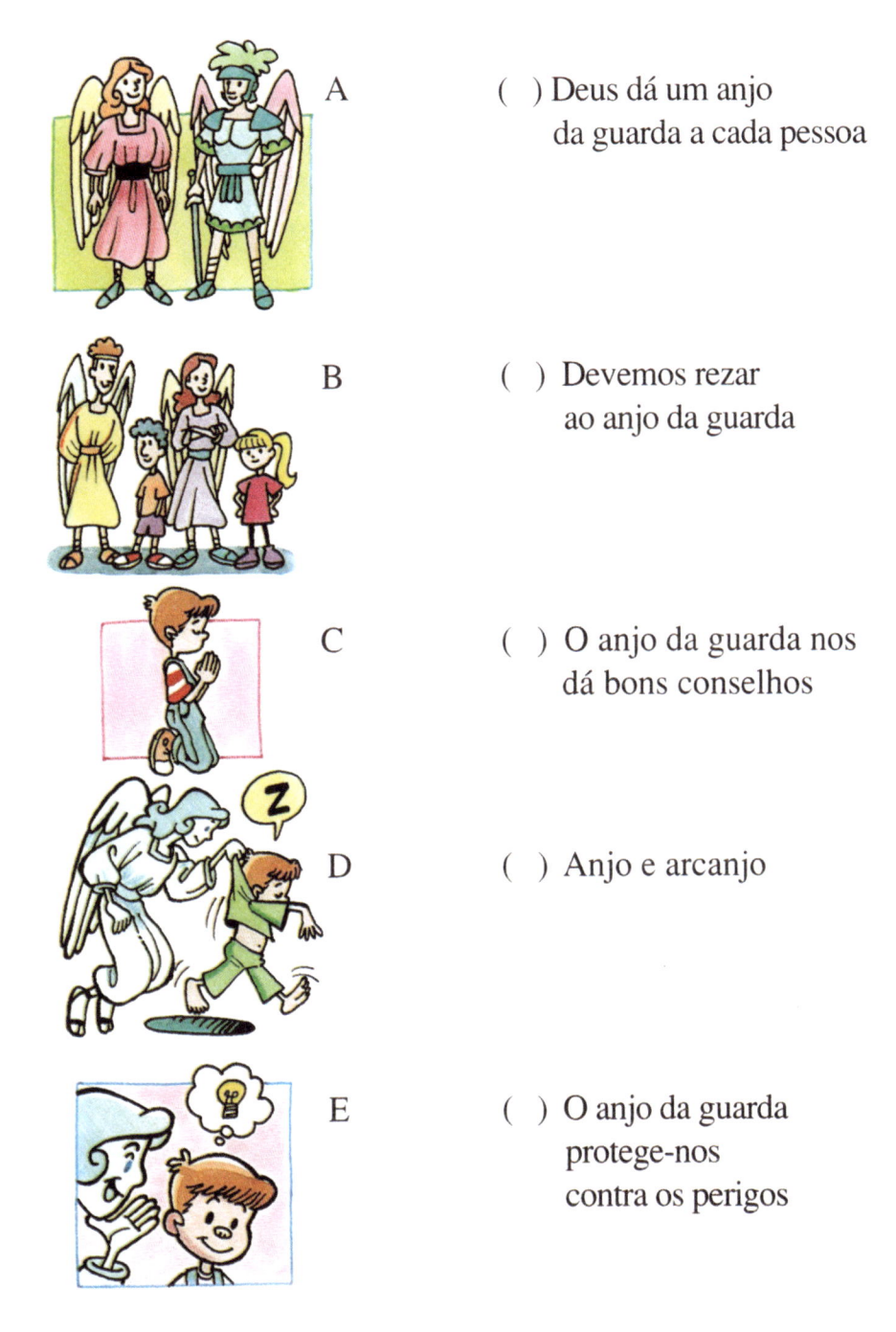

A   ( ) Deus dá um anjo
         da guarda a cada pessoa

B   ( ) Devemos rezar
         ao anjo da guarda

C   ( ) O anjo da guarda nos
         dá bons conselhos

D   ( ) Anjo e arcanjo

E   ( ) O anjo da guarda
         protege-nos
         contra os perigos

■ sempre me rege, guarda,

O que você pede diretamente ao anjo da guarda nessa oração?

Que ele o guie, que ele o oriente em tudo o que você tem a fazer. "Reger" é guiar, dirigir, encaminhar.

E também que ele o guarde, isto é, que ele o defenda em todas as situações perigosas.

Pinte este desenho de várias cores e você terá um bonito vitral.

governa e ilumina. Amém.

Terminando a oração ao anjo da guarda, você pede a ele que sempre lhe aponte os caminhos na vida (governar). E também que o inspire, que o aconselhe em tudo o que tiver de fazer (iluminar).

"Amém" é uma palavra que geralmente aparece no final das orações e quer dizer "assim seja".

Encontre sete diferenças.

15

■ São Miguel, arcanjo

Acabamos de explicar para você a oração ao anjo da guarda.

Vamos agora falar de três anjos muito importantes, que aparecem na Bíblia muitas vezes: os arcanjos Miguel, Rafael e Gabriel, cuja festa é comemorada no dia 29 de setembro. São Miguel é o padroeiro da Igreja universal, sendo representado pela figura de um soldado com uma espada na mão.

Descubra neste caça-palavras a primeira frase da oração ao anjo da guarda (Santo anjo do Senhor, meu zeloso guardador) e pinte cada palavra de uma cor.

U	S	A	N	T	A	N	P	T	R	A	Z
I	B	V	S	A	N	T	O	S	M	V	J
L	X	A	N	O	I	S	T	O	E	D	G
A	N	J	O	N	U	P	R	F	C	D	O
S	E	N	H	A	H	S	E	N	H	O	R
X	L	M	E	L	S	P	D	B	U	M	E
B	C	D	N	O	Q	R	M	E	C	A	E
O	F	J	M	E	U	M	I	N	H	A	F
T	U	Z	E	L	O	B	E	X	L	T	I
Z	V	U	S	E	L	O	Z	O	M	P	C
S	E	L	E	A	Z	E	L	O	S	O	D
H	D	G	U	A	R	D	A	V	D	E	J
L	C	B	I	C	A	T	A	D	O	R	H
T	G	O	T	A	Z	L	M	B	U	F	A
E	G	U	A	R	D	A	D	O	R	X	N

São Rafael, arcanjo

O arcanjo Rafael é o "guia dos viajantes". A Bíblia refere-se a ele como o acompanhante do jovem Tobias durante sua viagem.

Além disso, Rafael, cujo nome significa "Deus cura", é invocado para auxiliar na cura de doentes. Na Bíblia, na história de Tobias, é o arcanjo Rafael quem indica ao jovem o remédio certo para a cura de seu pai, que era cego.

Relacione as palavras e expressões da coluna da esquerda com as que aparecem na coluna da direita, conforme seu sentido.

a) Anjo   (   ) Representado por um soldado

b) Arcanjo Rafael   (   ) Festa dos Santos Anjos

c) 29 de setembro   (   ) Mensageiros de Deus

d) Gabriel   (   ) Nome do anjo que anunciou a Maria

e) Miguel   (   ) Guia dos viajantes

São Gabriel, arcanjo

Gabriel é o arcanjo que foi enviado por Deus à casa de Maria para dizer-lhe que ela seria a mãe de Deus. É possível também que ele seja o anjo que esteve ao lado de Jesus pouco antes de sua morte, no Monte das Oliveiras, conforme fala a Bíblia.

Outra missão importante de são Gabriel foi anunciar o nascimento de João Batista, filho de Isabel, prima de Nossa Senhora, e de Zacarias.

O nome Gabriel significa "aquele que está diante de Deus".

Faça a sua oração e escreva-a dentro desta moldura.

 Complete os seguintes versinhos da oração ao anjo da guarda.

Santo .... do Senhor, meu .... guardador,

se a ti me .... a .... divina,

sempre me ...., guarda, ... e .... Amém.

■ Para você recordar

Santo anjo do Senhor,
meu zeloso guardador,
se a ti me confiou a piedade divina,
sempre me rege, guarda,
governa e ilumina. Amém.

Bate-papo final

Você sabia que os anjos são mencionados mais de trezentas vezes na Bíblia (Antigo e Novo Testamento)?

Por isso, os anjos são muito queridos pelos cristãos e, desde os primeiros tempos do cristianismo, receberam por parte da Igreja um culto especial.

Os anjos tomam conta das almas de todas as pessoas e são mensageiros de Deus, trazendo a nós um pouco da luz divina e levando para o Senhor nossas ações e pensamentos.

Os anjos são, portanto, amigos prestativos e fiéis sempre dispostos a conduzir-nos pelo caminho do bem e da virtude.